Meinem lieben Thelen

in großer Dankbarkeit für sein Verständnis für

einen idealistischen Verleger

herzlichst gewidmet!

Februar 2006   Ulrich [signature]

Ulrich Constantin

KARL RICHTER

Ein Musiker der Ekstase

VERLAG REINHARD ULRICH
MÜNCHEN

Die Deutsche Bibliothek – CIP-Einheitsaufnahme
(Auch im Verzeichnis lieferbarer Bücher)

Constantin, Ulrich:
Karl Richter
Ein Musiker der Ekstase
Über das Wirken des großen
Dirigenten, Chorleiters, Organisten und Cembalisten
München 2005
ISBN 3-00-017480-X

Copyright (c) 2005 by Ulrich Constantin

Dieses Werk ist urheberrechtlich geschützt.
Jede Verwendung außerhalb der engen Grenzen des
Urheberrechtsgesetzes ist ohne Genehmigung des Urhebers
unzulässig und strafbar.
Das gilt insbesondere für Vervielfältigungen, Übersetzungen,
Mikroverfilmungen und das Einspeichern
und Verarbeiten in elektronischen Systemen.

Gestaltung: Weiss /Zembsch / Partner, Werkstatt /München
Druck und Binden: Medienservice, Leipzig
Printed in Germany
ISBN 3-00-017480-X

Ulrich Constantin

Karl Richter

Ein Musiker der Ekstase

Über das Wirken des großen
Dirigenten, Chorleiters, Organisten
und Cembalisten

VERLAG REINHARD ULRICH
MÜNCHEN

Wer Musik macht, muß bescheiden sein.
Karl Richter

Karl Richter

Es war immer das gleiche, doch niemals dasselbe: zur Weihnachtszeit der sechziger und siebziger Jahre des vergangenen Jahrhunderts stieg man in München die Stufen zum Kongreßsaal des Deutschen Museums hinauf, suchte sich seinen im Vorverkauf schwer erkämpften Platz und war nicht zu leichter Konversation aufgelegt. Das musikalische Ereignis, das Weihnachtsoratorium von Bach mit dem Münchener Bach-Chor und dem Münchener Bach-Orchester unter Karl Richter, warf feierlich seine Schatten voraus. Wie würde er das Werk heute angehen? Wie schnell würde er den Eingangschor nehmen, wie die große Altarie ‚Schlafe, mein Liebster' gestalten?

Das Aufreihen des Münchener Bach-Chores folgte, sorgfältig nach Stimmen und Rangordnung getrennt, Flüstern, kein Sprechen unter den Sängern, sie blieben stehen, keiner setzte sich. Das Publikum beobachtete es mit Spannung. Dann kamen die Musiker des Münchener Bach-Orchesters auf das Podium. Man klatschte nicht, wie heute üblich. Kein aufgeregtes Gespräch unter den Musikerkollegen, nur eine freundliche Miene zum benachbarten Pult, nicht mehr. Vorsichtiges, nur kurzes Nachstimmen der Instrumente, sie waren schon draußen gestimmt worden.

Nun stiegen, in tiefem Schwarz, wie Chor und Orchester, die Solisten des Abends die Treppe zum Podium hinauf, kein Dirigent folgte ihnen. Er ließ ihnen offensichtlich den alleinigen Auftritt, damit sie sich wenigstens noch ruhig setzen konnten.

Aber gleich darauf war es mit der Ruhe vorbei: mit hoch erhobenem Taktstock stürmte er, der Erwartete, den Beifall nicht achtend, dem Dirigentenpodest zu, sprang hinauf, der Taktstock sauste herunter und der bekannte Orgelakkord und die Paukenschläge erfüllten den erbärmlich nüchternen Raum, um ihn eineinhalb Stunden lang vergessen zu lassen. Atemlos für Musizierende wie Zuhörer vollzog sich die schönste Erzählung der Weihnachtsgeschichte, die je in Musik gesetzt wurde. Die Weihnachtsbescherung war damit schon vorweggenommen.

Das war einmal!

‚Lebendiger' Bach

Man sagte Karl Richter einen ‚lebendigen' Bach nach. Das sollte ein Schimpfwort sein, und war doch ein Kompliment. Wollte man denn einen toten Bach? Oder wollte man Bach tot spielen? ‚Karl der Große', ‚Horowitz auf der Orgel' nannte man ihn. Damit kam man aber dem Phänomen nicht nahe. Mit Worten konnte man und kann man ihn nicht beschreiben. Das soll deshalb hier auch gar nicht versucht werden, da jeglicher Versuch von vornherein zum Scheitern verurteilt wäre. Aber vielleicht kann man demjenigen, der ihn nicht erlebt hat, einige wertvolle Hinweise zu Karl Richters künstlerischer Arbeit geben, und in demjenigen, der ihn hörte, eine ehrende Erinnerung wachrufen.

Der 1926 im sächsischen Plauen geborene Dirigent, Chorleiter, Organist und Cembalist Karl Richter nahm die Stufenleiter seiner musikalischen Entwicklung im Geschwindschritt.

Karl Richter: *Mein Vater war Superintendent, so wie alle meine Vorfahren eigentlich evangelische Geistliche waren.*

Wir waren daheim viele Kinder; sind natürlich sehr früh in die Kirche gekommen. Die wunderbaren Barockkirchen im Erzgebirge auf jedem Dorf und in jeder Kleinstadt sind schon ein großer Eindruck. Dazu kommt noch, daß jede dieser schönen Kirchen eine wunderbare Barockorgel besitzt, meistens von Gottfried Silbermann oder einem Schüler von Gottfried Silbermann, und daß es sehr früh gewesen sein muß, als ich mit meiner Mutter den Orgelklang hörte. Und seitdem interessierte ich mich ganz besonders für das Instrument.

Mit fünf Jahren erhielt Karl Richter an der prächti-

Der Spielschrank der Carl-Schubert-Orgel in der Marienkirche in Marienberg/Sachs., an der Karl Richter seinen ersten Orgelunterricht erhielt.

Karl Richter

Weihnachten 1942: der Dresdner Kreuzchor in der Frauenkirche.

Ganz links: Karl Richter als Chorpräfekt, daneben Kreuzkantor Rudolf Mauersberger.

tigen Schubert-Orgel mit drei Manualen und einundfünfzig Registern im erzgebirgischen Marienberg seinen ersten Unterricht. Die einfachen Werke überflog er und fragte bald nach Schwererem. Im Dresdener Kreuzchor fiel er sofort dem damaligen Kreuzkantor Rudolf Mauersberger auf, der ihn bald zum ersten Chorpräfekten ernannte. Seine Studien vollendete Karl Richter dann in Leipzig bei Karl Straube und Günther Ramin, die vor allem sein Orgelspiel prägten. Mit knapp dreiundzwanzig Jahren, 1949 also, wurde er bereits auf Empfehlung Günther Ramins zum Organisten der Thomaskirche in Leipzig berufen.

1951, nach seiner Flucht in den Westen, kam Karl Richter als Kantor nach München an die St. Markuskirche, die Kirche, die seine musikalische Heimstatt sein ganzes Leben lang sein und bleiben sollte und mit der sich großartige Aufführungen Karl Richters von Werken Bachs und Händels verbinden. In den kommenden Jahren schuf er sich ein im wahrsten Sinne des Wortes schlagkräftiges Ensemble, den Münchener Bach-Chor und das Münchener Bach-Orchester, mit denen er zuerst in München, dann in Deutschland und schließlich in die ganze Welt auszog, um Tore aufzureißen für Johann Sebastian Bach. Noch nie hat sich einer so intensiv der Werke Johann Sebastian Bachs angenommen, und viele Jahre verband man in musikalischen Kreisen Bach mit dem Namen Karl Richters. Angesichts der Vielzahl der Werke Johann Sebastian Bachs, die Karl Richter immer wieder mit einhellig bekundetem Erfolg aufführte, ist er als der bedeutendste Bachinterpret seit dem Tode des großen Thomaskantors

Johann Sebastian Bach

anzusehen.

Ein Musiker der Ekstase

Die Aufnahme der Johannespassion von Bach 1964.

Mit 30 Jahren jüngster Hochschulprofessor für Orgel in München, lehnte Karl Richter das ehrenvolle Angebot, in Leipzig Thomaskantor zu werden, ab, weil er das geschaffene Ensemble in München nicht im Stich lassen wollte. Nun entwickelte sich der rastlos Voranschreitende auch zum universalen Musiker. 1958 schon führte er in München die achte Sinfonie von Bruckner auf, die große Diskussionen im Für und Wider auslöste. Mit seinem Ensemble erarbeitete er sich auch die Werke von Händel, Haydn, Mozart, Beethoven, Mendelssohn, Brahms, Verdi, Honegger, David, Kodaly, Ligeti, Arvo Pärt und anderen Komponisten. 1981, am 15. Februar, verstarb er – wie seinerzeit Max Reger – plötzlich in einem Münchner Hotel. Seinen Tod kommen fühlend, gab er im Jahr zuvor schon einem Orgel-Programm in Ottobeuren den Titel ‚Tod und Gottes Erbarmen'.

Die Leipziger Tradition

Karl Richter fühlte sich der Leipziger Tradition verpflichtet und ihr zugehörig. Die Leipziger Tradition – sofern man diesen Begriff nicht als Makel verwendet, was zuweilen geschieht – ist bestimmt durch den Thomaskantor Johann Sebastian Bach selbst und die nachfolgenden Thomaskantoren. Sie alle haben sich zu einer freien, durch 'Konzepte', Stilfestlegungen, Praktiken unbeeinflußten Aufführung aller kirchlichen Kompositionen – also nicht nur derer Bachs – bekannt und tun es, wie man in Sachsen weitgehend feststellen kann, noch heute. Dazu zählt die Schulung der Chöre zu einem schlanken, vibratolosen Singen, das vor allem der Polyphonie sehr zuträglich ist, bei Bachs Werken geradezu ein Ideal. Hinzu kommt noch die Ausübung aller einem ‚Kantor' zuzurechnenden Dienste, also des Singens in der Liturgie, des Dirigierens, des Orgel- und Cembalospielens. Orgel und Cembalo müssen mit feinsinniger Generalbaßaussetzung sowohl bei der Kammermusik als auch im Continuo gespielt werden. Schließlich muß der Kantor auch auf beiden Instrumenten improvisieren können. Letzteres scheint allerdings in jüngster Vergangenheit bedauerlicherweise verloren gegangen zu sein. Noch nach dem Zweiten Weltkrieg pflegten aber die Kantoren in Sachsen sehr fleißig die Orgelbegleitung des Liturgen und der Gemeinde, wechselnd harmonisierend, wenn sie Bittruf, Abendmahlsvorbereitung, Dank und Segen sang. Einfühlend wurden die Abendmahlsausteilung, die Trauung und die Taufe mit Soloregistern untermalt. Es gab auch noch die Gottesdienstordnung der ‚Deutschen Messe', eine von Luther entworfene, der katholischen Messe sehr ähnliche, musikalisch sehr reiche Gottesdienstform für die hohen Feste (Weihnachten, Ostern, Pfingsten), die nahezu zwei Stunden dauerte und die dem Kantor in seiner Gottesdienstbegleitung viele Möglichkeiten einräumte. Auch Choralnachspiel, Überleitungen zu neuen Tonarten und musikalischen Motiven der Choräle und anderer Gesänge waren eine Selbstverständlichkeit. Bach hat auf dem Umschlag der Kantate ‚Nun komm der Heiden Heiland' (Nr. 61) den Verlauf eines ersten Advents-Gottesdienstes aufgezeichnet. Die Notiz ist überschrieben: ‚Anordnung des Gottes-Dienstes in Leipzig am 1. Advent-Sonntag frühe' und lautet:

Praeludieret. Motteta. Praeludieret auf das Kyrie, so gantz musiciret wird. Intonierte vor dem Altar. Epistola verlesen. Wird die Litaney gesungen. Praeludieret auf den Choral. Evangelium verlesen. Praeludieret auf die Hauptmusic. Der Glaube gesungen. Die Predigt. Nach der Predigt, wie gewöhnlich einige Verse aus einem Liede gesungen. Verba institutionis. Praeludieret auf die Music. Und nach selbiger wechselweise praeludieret und Choräle gesungen bis die Communion zu Ende ist et sic porro.

Wie der Thomasorganist Ullrich Böhme mitteilte und selbst in ganz Sachsen festzustellen ist, werden alle diese musikalischen Verzierungen in Leipzig und in Sachsen nicht mehr im Gottesdienst angebracht, was höchst bedauerlich ist.

Karl Richter in der Kirche

Er allerdings agierte noch voll und ganz in dieser Art, wie alle wissen, die seine Begleitung von Gottesdiensten erlebten oder Motetten- und Weihnachtsliederabende besuchten. Gerade die à-cappella-Konzerte gaben Karl Richter eine hervorragende Gelegenheit, seine Improvisationskunst, seine Virtuosität in musikalischen Überleitungen von einem Werk zum anderen vorzuführen. Im Gottesdienst untermalte er die Übergänge von Text zu Musik und umgekehrt immer mit feinem Gespür für die theologische Aussage. Die einzelnen Choralstrophen spielte er, dem Text entsprechend, unterschiedlich harmonisiert und registriert. Und kein Choral erklang ohne Vor- und Nachspiel.

In Gottesdiensten erlaubte sich Karl Richter immer wieder einen Scherz, den man auch von Bach kennt. Bach bereitete es ein besonderes Vergnügen, sich beim Improvisieren in allen möglichen Tonarten zu ergehen und auch in die entferntesten so hin- und aus ihnen zurückzugelangen, daß man es nicht merkte und annahm, er hätte nur in einer Tonart moduliert. Karl Richter bat auch so seine Assistenten, seine Choralbegleitung – und zwar mitten in der Strophe – fortzusetzen. Er deutete ihnen einfach und ganz plötzlich auf die Tasten, und die Assistenten hatten dann mit ihm den Platz auf der Orgelbank zu tauschen und weiterzuspielen. Weil aber Karl Richter sehr virtuos spielte, führte er sie mit der Tonart in die Irre. Wenn der Assistent nicht sofort die Tonart erkannte, war die Gemeinde durch das Falschspielen zwar etwas irritiert, sang aber dann aufgrund der sehr schnellen Reaktion des Assistenten doch geordnet weiter. Daß es Karl Richter aber gelang, seinen Assistenten aufs Glatteis zu führen, freute ihn ungemein.

An der Ott-Orgel der Münchener St. Markuskirche. Diese Barock-Orgel heißt jetzt Karl Richter-Orgel.

Der Organist

Das virtuose Orgelspiel Karl Richters war gekennzeichnet von einem der Polyphonie Bachs und anderer Komponisten gerecht werdenden Tempo, wodurch ein Leuchten der Musik entstand. Rubati waren bei Karl Richter nicht zu verspüren, so daß eine das Werk überspannende Phrasierung erkennbar wurde, die Karl Richter mit feinem Legato unterstrich. In der Registrierung funkelte die Pracht der kleinen und großen Register des jeweiligen Instruments, wobei Karl Richter die Arp-Schnitger- und Silbermann-Orgeln sowie die einzigartigen Riepp-Orgeln in Ottobeuren bevorzugte. Im liturgischen Orgelspiel Karl Richters fand man die wunderschöne Tradition der Leipziger Schule bewahrt. Als Orgellehrer wußte Karl Richter, diese Spielweise im virtuosen wie liturgischen Orgelspiel seinen Schülern weiterzugeben, allen voran seiner Meisterschülerin Hedwig Bilgram.

Hört man die Aufnahmen von Orgelwerken Karl Richters aus der Leipziger Zeit heute und vergleicht sie mit denen, die Karl Richter später von den gleichen Werken aufnehmen ließ, so stellt man fest, daß Karl Richter ein früh Vollendeter war. Es zeigen sich nur geringe Veränderungen in Tempo, Registrierung und Dynamik, die vielfach mit der gespielten Orgel zusammenhängen (können). Karl Richter hat immer darauf verwiesen, daß man ein Tempo haben müsse, das in Herz und Geist zu sitzen habe. Es sei aber sehr schwierig, es ständig durchzuhalten. Karl Richter paßte es immer dem Raum an. Das Gleiche gilt von der Dynamik, die von Raum und Orgel abhängen. Früh und spät blieben

Beim Einrichten des Generalbasses für Hedwig Bilgram bei der Aufnahme des Weihnachtsoratoriums 1965

Ein Musiker der Ekstase

aber bei Karl Richter gleich: die Phrasierung, das Spiel auf breite Fläche, das Legato und das Unterlassen der einem Bachschen Orgelwerk so abträglichen Rubati, die sich große Könner auf der Orgel leider immer wieder erlauben.

Karl Richter: *Meine Lehrer waren Karl Straube zuerst und dann Günther Ramin. Karl Straube hat die ganz großen Verdienste gehabt, um die Jahrhundertwende und besonders um 1910, also in einer Zeit, als Busoni, Reger, Nikisch und Straube selbst Tore aufrissen für Bach. Die Entwicklung ging so weiter, daß nach dem Ersten Weltkrieg in den zwanziger Jahren die Orgelrenaissance einsetzte, einmal in Freiburg von Gurlitt und einmal im Norden von Günther Ramin her. Als Günther Ramin im Norden die Schnitger-Orgeln entdeckte und man in Sachsen die wunderbaren Gottfried-Silbermann-Orgeln entdeckte, haben diese Instrumente uns allen eine Lektion erteilt, wie man eigentlich spielen sollte. Die Instrumente haben uns wirklich gelehrt, wie die Werke klassisch darzustellen sind...*

Die Summa meiner Erfahrungen und nicht zuletzt mein Lehren an der Hochschule als Orgellehrer haben mich erzogen zu einer ganz bestimmten Linie und haben mich auf den Weg gebracht, wie ich an die Einrichtung der Orgelwerke herangehe. Und ich muß bekennen, daß ich auch sehr viel geändert habe. In Leipzig haben wir diese Dinge zu spielen gelernt – sowohl bei Straube als auch Ramin – daß man in den Zwischenspielen, in den einzelnen Durchführungen auf schwächere Manuale geht, architektonisch abbaut und wieder aufbaut. Ganz früher hat Straube

An der Dreifaltigkeits-Orgel der Basilika Ottobeuren.

Noten? Ich brauche keine Noten! Ich habe meinen Bach in der Tasche!

Karl Richter

Der Prospekt der von Karl Richter bevorzugt gespielten, großen Riepp-Orgel in der Basilika Ottobeuren (Dreifaltigkeits-Orgel).

nicht mal in Terrassendynamik sondern etwas in Diminuendo und Crescendo gearbeitet. Ich kann nur diese Terrassendynamik einsetzen dort, wo das polyphone Geflecht ein Ende hat, einen Punkt angibt, wo es die Möglichkeit gibt und nicht der Hörer den Eindruck haben muß, hier ist ein Eingriff gemacht in das polyphone Geschehen. Da kommt man zu den Problemen des Orgelspiels bei Johann Sebastian Bach, was wahrscheinlich für jeden ein Problem bleiben wird.

Die Orgelschüler mußten alle, ausnahmslos, mit dem Üben des Chorals ‚Alle Menschen müssen sterben' beginnen. Warum, ist nicht ermittelt worden. Es ist aber doch sehr bedeutungsvoll! Karl Richter ermahnte sie, immer ‚schön' zu spielen. Auch verriet er ihnen, daß man es mit Üben sehr weit bringen könne. Er mußte jeden Tag sein Excercitium haben. Weil ihn sein großer Orgellehrer Karl Straube kostenlos unterrichtete, nahm Karl Richter auch bei seinen Privatschülern niemals Geld, ja er unterstützte sie sogar.

Die Orgelkonzerte wurden ihm so zur Selbstverständlichkeit, daß er keine Vorbereitungen mehr benötigte. Oft wußte er wenige Minuten vor Beginn des Konzerts nicht einmal, was er zu spielen hatte. Dann ließ er sich einen Programmzettel geben. Den stellte er auf das Notenpult und begann. Die Einmaligkeit dieser Konzerte ist bekannt. So gibt es einen privaten Mitschnitt des Konzerts, das Karl Richter an den drei Orgeln der Basilika in Ottobeuren am 26. Juli 1975 gab, der dies nachdrücklich beweist.

An der fünf-manualigen Marien-Orgel mit Blick in die Basilika Ottobeuren.

An der Steinmeyer-Orgel des Herkulessaals in München.

Seine Spielfreude lebte Karl Richter auch bei Händels Orgelkonzerten bildhaft aus. Diese Konzerte, von Georg Friedrich Händel seinerzeit als fröhliche Unterhaltung in den Opernpausen gespielt, gaben Händel die Möglichkeit, sich selbst damit als vorzüglicher Organist vorzustellen, auch noch kurz vor seinem Tode bei völliger Erblindung. So kamen die Konzerte Karl Richter gerade recht, um zu zeigen, wie man festliche Musik mit Orgel und Orchester darbieten kann, wobei sein gleichzeitiges Dirigieren und Spielen einen Effekt mehr erzeugten. Außerdem boten die Orgelkonzerte Karl Richter die Gelegenheit, die von Händel nicht notierten Sätze mit eigenen Improvisationen auszufüllen.

Die Überleitungen, die Karl Richter an Motettenabenden zwischen den einzelnen Motetten spielte, und eine große Improvisation über den Choral ‚Lobe den Herren' aus dem Jahr 1960 haben sich wenigstens in privaten Tonaufnahmen erhalten.

Spät nachts, nach langwierigen Tonaufnahmen, zog sich Karl Richter in seine Markuskirche zurück und spielte sich stundenlang von den Anstrengungen frei. Er unterrichtete auch hin und wieder nachts seine Studenten. Als die Walcker-Orgel im Musikvereinssaal in Wien, die er selbst disponiert hatte, fertiggestellt war, ließ er sich nachts im Konzertsaal einschließen, um die Orgel ungestört ausprobieren zu können.

Ein Musiker der Ekstase

19

*Die Aufnahme des Weihnachts-
oratoriums von Bach 1965 mit
dem Startrompeter Maurice André
(ganz rechts).*

Der Cembalist

Als Cembalist hat sich Karl Richter ebenfalls frühzeitig sehr weit virtuos vorgewagt. In Leipzig ließ er im Continuo unter Günther Ramin ein bewegtes Generalbaßspiel hören, das er dann auch im Münchener Bach-Orchester den Musikern beibrachte. Als er bei der Ansbacher Bachwoche 1954 die Goldberg-Variationen spielte, verspürte man zum ersten Mal, wie dramatisch dieses Werk aufgebaut ist. Bis dahin durchzog bei vielen Interpreten diese meisterlichen Variationen Langeweile. Viele Zuhörer fanden es geradezu unerhört, daß man die Goldberg-Variationen so lebendig spielen könne. Der steile Aufstieg des jungen Musikers hatte begonnen.

Die vorhandenen Aufnahmen bestechen vor allem durch die Spannung, die Richter auch auf dem Cembalo aufbaut, hält und mit der er endet. Triller, Arpeggien fließen in gleichmäßigem Spiel aus den Fingern in höchster, selbstverständlichster Virtuosität und beständigem, beim Cembalo so wichtigen Legato. Er benutzte vorzugsweise 16-Fuß-Cembali, die klanglich doch mehr Möglichkeiten zulassen als die heute üblicherweise gebräuchlichen 8-Fuß-Instrumente, weil sie auch nicht so obertonreich sind. In den Oratorien setzte Karl Richter früher nur die Orgel ein. Später begleitete er die Rezitative der Evangelisten immer selbst mit dem Cembalo, wahrscheinlich deshalb, um als primus inter pares mitten unter den Musikern zu sein – selbstverständlich auswendig! Er wollte mit seinem persönlichen Eingriff in die Aufführung sichergehen, daß seine Phrasierung auch ausgeführt wurde, er Ein-

In einer Pause für die Aufnahme des Samson von Händel im Jahre 1968, vorwiegend heiter.

fluß auf den musikalischen Ablauf nehmen konnte und um mit Ritardandi, Crescendi, Diminuendi zu führen, zu leiten. Niemals hätte es Karl Richter zugelassen, die Rezitative einem selbständig artikulierenden Cembalisten und dem Continuo zu überlassen, wie dies leider immer wieder, auch bei bedeutenden Dirigenten, heute anzutreffen ist. Das mag zwar für den beteiligten Cembalisten höchst reizvoll sein, der Phrasierung zwischen den Rezitativen, Arien, Chören und Chorälen aber ist diese Art des Erleichterns und Vereinfachens für den Dirigenten nur abträglich.

Ein Musiker der Ekstase

21

1954

Ein Musiker der Ekstase

Bei der Aufnahme der Flötensonaten von Bach 1973 mit Aurèle Nicolet und Johannes Fink.

Im Kongreßsaal des Deutschen Museums in München.

In einer Aufnahmepause mit Peter Schreier.

*Die Aufnahme der Violinsonaten
von Bach mit Leonid Kogan
1972*

Der Dirigent

Kenntnisse hatte sich Karl Richter vor allem bei Hans Knappertsbusch und Wilhelm Furtwängler erworben. Deshalb waren seine Handbewegungen sparsam, vielleicht manchmal zu sparsam – so das Urteil einiger Musiker. Der Körper und vor allem die Miene aber sprachen dafür um so mehr! Das genügte für viele, wenn nicht für alle. Impulsiv, wirklich ekstatisch interpretierte Karl Richter, ganz dem dirigierten Werk hingegeben, manchmal gar entrückt, ohne auf Äußeres zu achten. Genauso konnte er aber mit Furor in die ersten Geigen hineinfahren. Wie man das auch bei anderen großen Dirigenten wie z.B. Celibidache erlebt hat: wenn das Werk auswendig – par coeur, wie die Franzosen sagen – zur Verfügung steht, dann erst kann sich der Dirigent voll und ganz der Interpretation hingeben. Für Karl Richter mit seinem phänomenalen Gedächtnis war es selbstverständlich, auswendig zu dirigieren. Dabei entwickelte er eine sprühende, packende Phantasie, wodurch schon oft gehörte Werke jedesmal bisher so nicht gehört, anders, neu, farbiger erschienen.

Als ich dem Flötisten Paul Meisen einmal sagte, daß Karl Richter doch ohne die so ausgezeichneten Orchestermusiker sicher nicht dergleichen Aufführungen hätte zustande bringen können, entgegnete er, daß dies so nicht richtig beobachtet sei. Karl Richter habe auf seine Musiker eine so große musikalische Faszination ausgeübt, daß jeder, der mit ihm musizierte, durch ihn zu einem außergewöhnlichen Spiel hingeführt und geradezu hineingezwungen worden sei.

Sein Credo war, daß man sich niemals dazu hinreißen lassen dürfe, eine Musik akzentfrei abzuspulen. Die Interpretationen Karl Richters waren deshalb inspiriert von einem hellen Feuer und einem Ringen um ein Espressivo. Dies haben Kritiker als ‚romantische' Deutung der Werke der Komponisten angesehen. Das mag richtig oder falsch sein: an der vehementen Aussagekraft der Darbietungen Karl Richters vermag dies nichts hinweg zu diskutieren.

Karl Richter: *Natürlich habe ich das auch schon gehört, daß man sagt, eine Matthäuspassion, die ich dirigiert habe, war dieses Jahr wieder ganz anders als voriges Jahr. Das ist nicht soviel Absicht. Ich weiß auch nicht, ob es mit dem Blutdruck zusammenhängt oder Föhn oder was. Es ist einfach: wenn man aufs Podium geht und ein Stück anfängt zu dirigieren oder zu spielen, ist es eine andere Situation jedes Mal. Man ist in anderen Stimmungen. Man hat auch mit jedem Werk, was man spielt oder diri-*

Bei der Aufnahme des 1. Brandenburgischen Konzerts von Bach 1967 in der Hochschule für Musik in München.

giert, täglich neue Ideen. Schlimm ist es, wenn die Ideen einem nicht mehr kommen, wenn man nicht mehr inspiriert ist. Denn das ist das Schlimme, wenn man ein Werk mit Routine, mit schnöder Routine spielt, weil es gespielt werden muß, und man keine Einfälle, keine Eingebungen mehr dazu hat.

Bei der Besetzung von Chor und Orchester hielt sich Karl Richter an die Äußerungen und Wünsche Bachs in dessen Eingabe an den Rat der Stadt Leipzig aus dem Jahr 1730 wegen einer ‚wohlbestallten Kirchen Music'. Darin beschwert sich Bach über die zu geringe Anzahl der Instrumentalisten und zu wenig gut singende Thomaner. Daß Karl Richter deshalb nur und massiv viel erstklassige Instrumentalisten und Sänger einsetzte, war eine ebenso überzeugende wie konsequente Haltung, der er sich auch bei der strikten Umsetzung des Notenmaterials verschrieb. Doppel- und Mehrfach-Besetzungen schreibt Bach auch in den Partituren vor. Warum sollte man es dann nicht befolgen? Den sehr voll tönenden Blasinstrumenten mußten ja schon wegen der Klangbalance entsprechend stark besetzte Streicher entgegengesetzt werden. Insofern kann man Karl Richters Aufführungen Bachscher Werke auch als der historischen Praxis zugehörig bezeichnen, allerdings unter ganz anderem, *wichtigerem* Vorzeichen! Für Karl Richter selbst waren dies alles nur musikalisch, nicht musiktheoretisch zu beantwortende Fragen. Er scheute sich auch nicht, Vertreter der neuen Darbietungen mit kleiner Besetzung und sogenannten 'historischen' Instrumenten zu seinen Bachfesten einzuladen. Allerdings bemerkte er zu den Puristen: *Ich hab' gar nichts dagegen, wenn sie nur etwas musikalischer wären. Ich interessiere mich sehr für einen puristischen Bach, aber ich bin bisher noch nicht einem Puristen begegnet, der auch musikalisch ist.*

Karl Richter probte – im Sinne von ‚ausprobieren' – ungeheuer intensiv, um die Musiker sensibel zu machen für eine musikalische Anpassungsfähigkeit während der Aufführung. Die Dynamik wechselte von Aufführung zu Aufführung, je nach Karl Richters Herzschlag und Temperament. Seine Dirigate waren deshalb beispiellos. Es konnte daher auch keiner wagen, ihn nachzuahmen.

Oft fragten Neulinge im Orchester Karl Richter, wie er denn am Abend dirigieren werde. Darauf gab er keine befriedigende Antwort. Überliefert ist, daß er einen Neuling fragte: ‚Kennen Sie meine Schallplatte?' Als dieser antwortete: ‚Ja, natürlich', erwiderte Karl Richter: ‚So mache ich es heute nicht!'

Das Cembalo war ihm bei Tonaufnahmen immer zur Verfügung, um seine musikalische Auffassung zu demonstrieren. Genügte dies nicht, so sang er die Passage mit seiner Tenorstimme vor. Er übernahm auch oft bei den Orchesterproben die Partien der Sänger, sofern diese fehlten.

Nach seinen eigenen Äußerungen bemühte sich Karl Richter sein ganzes Leben lang um die Temporelation. Den Tontechnikern und Produzenten höhnte er ironisch nach, ob sie sich das Tempo von einem Musikologen ausrechnen lassen wollten. Es mußte nach seiner Meinung aus der Situation der Aufführung heraus abgeleitet werden, um Spannung zu erzeugen. Deshalb glaubte er nicht an ein absolutes

Ein Musiker der Ekstase

Doppelseite:
Öffentliche Aufführung der
Matthäuspassion von Bach u.a. Hertha Töpper (links von Karl
Richter) und Kieth Engen (Zweiter rechts von Karl Richter) im
Kongreßsaal des Deutschen Museums in München.

Tempo. Eine trockene Akustik verlange ein schnelleres Tempo, um Virtuosität darzustellen. Die Akustik zwinge beim Beginn des Spielens zum Hören, um danach das Tempo zu entscheiden. Polyphonie verlange aber stets ein etwas langsameres Spielen, um sie hörbar werden zu lassen. Alles in allem bevorzugte er aber nach unser aller Empfinden immer ein ‚lebhaft', wie man es auch Bach nachsagt.

Die Phrasierung eines Werkes war bei Karl Richter höchstes künstlerisches Ausdrucksmerkmal. Er hatte das gesamte Werk im Visier, wenn er damit begann. Danach richtete er die Spannung aus und behielt sie bis zum Schluß bei, weil er nur so das Werk begriff. Nachempfinden kann man dies allerdings weniger bei den Studioaufnahmen, die ja bekanntlich in ‚takes' zerlegt werden. Karl Richter hat es auch immer bedauert, wenn man ihm bei den Aufnahmen die Auffassungen der Toningenieure oder Produzenten aufdrückte. Die Schwester Karl Richters, Gaby Sieg, berichtet von seinen Klagen bei den Einspielungen an der Freiberger Silbermann-Orgel. Diesen Auseinandersetzungen scheint auch eine bedeutende Interpretationsart Karl Richters der Partiten über ‚Sei gegrüßet, Jesu gütig!' BWV 768 von Bach zum Opfer gefallen zu sein. Bei allen Orgelkonzerten – und einige sind ja erhalten – spielte Karl Richter nach dem grandiosen Schluß

Ein Musiker der Ekstase

Aufnahme der Johannespassion von Bach mit dem herausragenden Evangelisten Ernst Haefliger 1964.

der elften Variation den Anfangschoral in seiner einfachen Harmonisierung noch einmal. Ein genialer Einfall, weil nur so sich der wunderbare musikalische Kreis schließt! Bei der Aufnahme an der Silbermann-Orgel in Freiberg fehlt am Schluß der erwähnte Choral. Glücklicherweise gibt es aber Mitschnitte von öffentlichen Aufführungen, bei denen Karl Richters Art, die Partiten zu spielen, und seine Gesamtphrasierung wie auch die Einzelphrasierung vorzüglich zur Geltung gelangen.
Wie virtuos und selbstverständlich Karl Richter ein Werk beherrschte, umschreibt folgende Begebenheit: auf einer Konzerttournée in Italien dirigierte er die Hohe Messe in h-moll in der Oper von Aquila. Der Theaterarzt und Freund Richters, Dr. Gysi (dem Karl Richter manchmal auch bei kleineren ärztlichen Eingriffen assistieren durfte), saß in einer Seitenloge. Plötzlich, unter dem Dirigieren, wandte sich Karl Richter gegen Dr. Gysi und gab ihm – mit dem Taktstock wohlgemerkt! – unmißverständlich ein Zeichen, das ihn hieß, in Richtung Bühnenausgang zu gehen.

Karl Richter

Der Arzt verließ sofort die Loge in der angegebenen Richtung und traf dort auf eine in einem blinden Winkel stöhnende Sängerin, die die Bühne wegen einer Hyperventilationstetanie verlassen hatte. Dies war Karl Richter natürlich nicht entgangen.

War ihm beim Cembalospiel in einer Dirigierphase einmal der Taktstock im Weg – normalerweise behielt er ihn beim Spielen ständig in der Hand – so konnte es geschehen, daß er ihn kurzerhand wie ein ‚Ulmer Spatz' in den Mund nahm. Und kam im Konzert eine Sängerin aus dem Takt und fand nicht sofort wieder den Anschluß, sang er den Part mit.

Ein ebenso aufregendes, ja geradezu kammermusikalisches Ereignis war es in jeder Matthäuspassion, wenn Karl Richter mit dem Gambisten Johannes Fink Rezitativ und Arie ‚Komm, süßes Kreuz' gestaltete.

Beifall achtete er nicht. Bei den Passionen verbat er sich den Beifall. Konnte man sich einmal als Zuhörer von der Anspannung mit einem Applaus befreien, so dauerte er nicht lange, weil sich Karl Richter höchstens dreimal zeigte. Er verließ den Konzertsaal ganz schnell und unauffällig.

Karl Richter

Der Münchener Bach-Chor

Dieser Chor ging aus dem schon vor Karl Richter an der Münchener St. Markuskirche bestehenden Heinrich-Schütz-Kreis hervor. Seit 1954 nannte er sich Münchener Bach-Chor.

Beurteilt man den Münchener Bach-Chor, wie er unter Karl Richter sang, so fällt sein glasklarer, strahlender, vibratoarmer, warmer Klang jugendlicher Stimmen auf, der sich an den sächsischen Knabenchören ausrichtete, ohne deren Schwächen in der Intonation zu haben. Der Münchener Bach-Chor übernahm mühelos die Nervigkeit seines Dirigenten und zeigte Präzision in der Artikulation und den Koloraturen selbst dann, wenn Karl Richter das Tempo bis zum Äußersten anzog. Ein Forte hatte bei achtzig bis hundertzwanzig Stimmen Gewalt, ein Pianissimo war ausgeglichen.

Karl Richter wußte selbstverständlich aus Dresden und Leipzig, daß Knabenchöre einen idealen Klang für die Polyphonie Bachs haben, jedoch in der Intonation vielfach nicht so sicher sind. Deshalb gründete er eben nicht einen Knabenchor. Die achtzig, hundert und mehr ganz junge Sängerinnen und Sänger des Münchener Bach-Chores, Idealisten und grenzenlos Begeisterte alle, mußten mindestens zwei- und oft mehrmals in der Woche zur Probe erscheinen. Von diesen verlangte er nicht nur zeitlich einen ungeheuren Einsatz. Man sagt, Bach habe die menschliche Stimme eingesetzt wie ein Instrument. Karl Richter übertrug diese Art zu singen ganz unbarmherzig auf die Sänger, aber mit welchem Erfolg! Wie das Orchester, so mußte auch der Münchener Bach-Chor immer und immer wieder den gleichen Satz wiederholen, aber im Tempo oder der Dynamik verändert. Das war jedoch gerade deshalb sehr interessant und abwechslungsreich. Als Beispiel sei hier der Eingangschor der Kantate Nr. 70 ‚Wachet, betet, seid bereit' von Johann Sebastian Bach erwähnt. Alle veröffentlichten Aufnahmen zeigen leider nicht die Präzision, das Staccato, das Karl Richter haben wollte, das durch den scharfen Aufruf, den der Text beabsichtigt, unbedingt erforderlich ist. Daß Karl Richter es so, wie man es bei den professionellen Aufnahmen hört, nicht haben wollte, beweist die Filmaufnahme einer Probe dieses Chores, die erhalten geblieben und in dem Film ‚Karl Richters Vermächtnis' zu sehen und zu hören ist. Gestik Richters und Reaktion des Chores sind hier eins: vollendet! Daß sich dies so nie hat in eine Tonaufnahme hinüberretten lassen, ob wegen Ermüdung des Chores oder Besserwisserei der Produzenten, das ist ein echter Jammer!

Ein Musiker der Ekstase

Karl Richter

Hört man die vom Münchener Bach-Chor gesungenen Choräle, so fällt die Ausdeutung des Textes als wichtigstes Erkennungsmerkmal auf. Dies bedingte auch öfters das Binden der einzelnen Verszeilen, wodurch die Schönheit der Melodien, aber auch die Aussage des Chorals selbst besonders hervorgehoben wurden. Ein ‚Espressivo' war hier Karl Richter wichtig.
Karl Richter: *Eines der phänomenalsten Dinge bei Bach ist der Choral ‚Wenn ich einmal soll scheiden'. Dieser Choral ist von Bach in allen möglichen Tonarten geschrieben und immer mit einem anderen Satz. Das ist für einen sensiblen Musiker genug, so daß er keine dynamische Bezeichnung braucht. Dieser Choral,..., zeigt uns, daß er (Bach) ein Espressivo wünscht, was nach innen geht, ein Dolce wahrscheinlich, denn ‚Wenn ich einmal soll scheiden', das schreit nicht nach außen hin, sondern dort geht der Mensch ganz nach innen, dort ist er sehr einsam sogar.*
Diesen Choral sang der Münchener Bach-Chor am 20. Februar 1981 bei der Trauerfeier für Karl Richter unter der Leitung seines Freundes Ekkehard Tietze.

Schon 1958 brachte der Chor – auch à cappella – Bestleistungen. Die Aufnahmen belegen es. In den sechziger Jahren gelangte er zu Höchstleistungen. Man denke nur an das Weihnachtsoratorium, die Hohe Messe in h-moll, die Johannespassion und die Aufnahmen auf der Japan-Tournée im Mai 1969. Die Dynamik, die Karl Richter in dem Chor ‚Wahrlich, dieser ist Gottes Sohn gewesen' in der Matthäuspassion von Bach entwickelt, ist hinreißend. Aber das sind nur Beispiele. Die vielen vorzüglichen Konzerte, die nicht aufgenommen wurden, sind dabei nicht erwähnt. Zu Beginn der siebziger Jahre allerdings machten sich beim Chor Schärfen im Sopran bemerkbar, die sich später – noch zu Lebzeiten Karl Richters – auch noch verstärkten. Hatte er nicht den Mut oder nicht die Kraft, diese Stimmen um einen ‚Rücktritt' zu bitten?

Ein Musiker der Ekstase

Karl Richter

Karl Richter: *Alle Hundertzwanzig singen ja wirklich aus Begeisterung, besuchen alle Proben sehr gewissenhaft und arbeiten sehr hart, studieren mit mir exakt und bringen sehr, sehr viel Zeitopfer. Ich muß die Begeisterung und den Idealismus sehr respektieren und darf vor allem die Leute manchmal nicht einfach ausschließen, nur weil die Markuskirche zu klein ist.*

Die Ideen, die Karl Richter hatte, um seinem Chor zu einem sichern Einsatz zu verhelfen, waren schier unerschöpflich. Die Orgel Hedwig Bilgrams setzte meistens eine Hundertstel-Sekunde früher ein, um dem Chor die richtige Intonation zu vermitteln. Ferner geschah bei dem Übergang vom Rezitativ zum Chor ‚Wahrlich, dieser ist Gottes Sohn gewesen' in der Matthäuspassion von Bach in der Tokyoter Aufnahme 1969 folgendes: Karl Richter arpeggierte auf dem Cembalo am Ende des Rezitativs mit einer zusätzlichen Terz, damit der Chor seinen ppp-Einsatz intonationssicher wagen konnte.

Karl Richter ‚verlieh' seinen Münchener Bach-Chor nie. Günter Jena, sein Schüler und späterer Bach-Dirigent in Würzburg und Hamburg, den er sich wohl als Assistenten wünschte, durfte einige Male den Chor dirigieren. Das genügte Karl Richter wohl, um Günter Jena nicht weiter zu engagieren. Ekkehard Tietze, den er aus dem gemeinsamen Studium bei Karl Straube und Günther Ramin kannte und der, als Älterer, auch bei einer Prüfung Karl Richters in Leipzig Protokollant war, kam in seinem Ruhestand 1978 aus Potsdam nach München. Ihn wollte Karl Richter gern als Assistenten und Chorerzieher, weil die musikalische Auffassung beider ähnlich war. Der plötzliche Tod Karl Richters 1981 zwang Ekkehard Tietze dann, den Chor sofort zu übernehmen. Mit ihm fanden die besten Aufführungen mit dem Münchener Bach-Chor seit dem Tod Karl Richters statt.

Karl Richter

Das Münchener Bach-Orchester

Es war eine eigene Gründung Karl Richters. Denn eines der drei großen Orchester Münchens für seine Aufführungen zu engagieren, genügte ihm nicht. Er mußte die besten der Besten haben. So wählte er aus diesen Orchestern, nämlich dem Sinfonieorchester des Bayerischen Rundfunks, dem Staatsopernorchester und den Münchner Philharmonikern, die Musiker aus, die dann sein Münchener Bach-Orchester bildeten. Die meisten davon waren, wie in Wien, Professoren an Musikhochschulen. Mit fünfzig, sechzig Musikern trat Karl Richter auf und reiste auch mit dieser Anzahl. Unisoni, Triller, Pizzicati gerieten den Streichern des Münchener Bach-Orchesters makellos, beeindruckend, ja geradezu unvergleichlich. In seinen Darbietungen betonte Karl Richter vor allem die Bässe, um den Kontrapunkt hörbar werden zu lassen. Insbesondere die Polyphonie Bachs hatte ihn gelehrt, daß man auf Durchsichtigkeit zu achten hat.

Karl Richter verlangte immer ‚Klang', ein Melos. Das war ihm wohl von der Orgel her vorschwebend. Vielleicht resultiert daraus auch seine schon sehr frühe Vorliebe für Bruckner. In Wien sängen die Orchester, sagte er. Das sollte auch in München so sein. Damit gelang ihm in der Orchestererziehung ein Klang zwischen den Wiener und Berliner Philharmonikern, der für die Interpretationen der Werke Bachs so entscheidend werden sollte – geradlinig und singend, scharf und samtweich, lyrisch und ganz gleichmäßig retardierend bis zum Pianissimo. Aber auch Mozart ‚klang' bei ihm. Man überzeuge sich davon!

Bei Ton- bzw. Bildaufnahmen herrschte äußerste Disziplin; straff und zügig wurde musiziert. Waren Teile nach Tagen zu wiederholen, prüfte Karl Richter nur, ob das Cembalo die gleiche Stimmung hatte, und setzte dann mitten im Werk mit gleichem Tempo und Phrasierung ein wie bei der vorhergehenden Aufnahme. Waren aber im Werk Wiederholungen ausdrücklich vorgesehen, wie zum Beispiel das zweimalige Osanna in der h-moll-Messe, so musizierte er es selbstverständlich zweimal, und ließ es nicht etwa, wie ‚geniale' Dirigenten es taten, durch die erste Aufnahme ersetzen. Das hat ja musikalisch durchaus seine Begründung.

Ein Musiker der Ekstase

Die Sänger und Instrumentalisten

Die Besetzung der obligaten Instrumente wie die Solostimmen mußten von allererstem Rang sein und der Weltklasse angehören. Man wird wohl kaum einen berühmten Instrumentalisten oder Solisten nennen können, der nicht bei ihm gespielt oder gesungen hätte. Interessant ist, daß Karl Richter in den fünfziger Jahren fast die gleichen Solisten verpflichtete wie Ferenc Friscay. Sie ähnelten sich ja auch in der Leidenschaft für den unbedingten Vorrang der Musik in jeder Lebenslage, was beiden gesundheitlich leider nicht sehr zuträglich war. Solisten und Instrumentalisten, die nicht nur wenige Male, sondern immer wieder bei Karl Richter mitwirkten, sollen hier genannt sein, wobei die Aufnahmen, die vorliegen, als Beispiele angegeben werden, um dem Leser nur wenigstens *einen* Hinweis zu geben:

Die Soprane waren **Arléen Auger** (Matthäuspassion 1975 in Ottobeuren), **Ursula Buckel** (Kantate 78, Matthäuspassion Tokyo 1969), **Gundula Janowitz** (Weihnachtsoratorium von Bach, Messias von Händel), **Edith Mathis** (Kantate 199, Kantate 68). An Altistinnen verpflichtete er **Julia Hamari** (Kantate 148, Kantate 137), **Marga Höffgen** (Matthäuspassion Tokyo 1969, Messias von Händel), **Anna Reynolds** (Kantate 81, Kantate 129), **Maria Stader** (Kantate 51, h-moll-Messe 1962), **Trudeliese Schmidt** (Kantate 80, Kantate 115) und **Hertha Töpper** (h-moll- Messe 1962, Johannespassion Moskau 1968). Die Tenöre waren als solche für Bach besonders prädestiniert. Es waren **Ernst Haefliger** (Kantate 26, Matthäuspassion Tokyo 1969), **Peter Schreier** (Kantate 3, Kantate 81) und **Fritz Wunderlich** (Weihnachtsoratorium von Bach, Kantate 2). Bariton und Baß sangen **Theo Adam** (Kantate 92, Kantate 126), **Peter van der Bildt** (Matthäuspassion Tokyo 1969, Johannespassion Moskau 1968), **Franz Crass** (Weihnachtsoratorium von Bach, Messias von Händel), **Dietrich Fischer-Dieskau** (Kantate 82, Matthäuspassion 1958), **Kieth Engen** (Matthäuspassion Tokyo 1969, Kantate 8), **Kurt Moll** (Kantate 10) und **Hermann Prey** (Johannespassion 1964).

Von den Instrumentalisten seien genannt die Trompeter **Maurice André** (Weihnachtsoratorium von Bach, Messias von Händel), **Chandler Goetting**

Ein Musiker der Ekstase

Einzig:

Fritz Wunderlich

Edith Mathis

Paul Meisen

Der Weltklassehornist Hermann Baumann.

(Kantate 80, Kantate 148) und **Pierre Thibaud** (Kantate 51, 2. Brandenb. Konzert), der Hornist **Hermann Baumann** (1. Brandenburgisches Konzert, h-moll-Messe Tokyo 1969), die Soloflötisten **Paul Meisen** (Kantate 26, Weihnachtsoratorium von Bach) und **Aurèle Nicolet** (Musikalisches Opfer, Flötensonaten von Bach, bei denen Karl Richter während der Aufnahme ex tempore den Generalbaß auf dem Cembalo aussetzte), die Flötisten **Peter Lukas Graf** (Kantate 26, Kantate 115), **Wolfgang Haag** (Matthäuspassion 1958, Kantate 34), **Hans-Martin Linde** (Kantate 81, 2. Brandenb. Konzert), **Walter Theurer** (Matthäuspassion 1958, Kantate 8), **Gernot Woll** (Kantate 11, Kantate 180), die Oboisten, allen voran **Manfred Clement** (Kantate 199, Kantate 68), **Robert Eliscu** (Kantate 26, Kantate 148), **Kurt Hausmann** (Matthäuspassion Tokyo 1969, h-moll-Messe Tokyo 1969), **Edgar Shann** (Matthäuspassion 1958, Kantate 148) und **Hans-Jörg Schellenberger** (Kantate 81, Kantate 137), die Fagottisten **Karl Kolbinger** (Kantate 92, Kantate 126) und **Richard Popp** (Matthäuspassion Tokyo 1969, h-moll-Messe Tokyo 1969), die Konzertmeister der Violinen **Otto Büchner** (Matthäuspassion 1958, Kantate 132), **Kurt Guntner** (Matthäuspassion Tokyo 1969, Kantate 148) und **Kurt-Christian Stier** (Matthäuspassion 1958, Kantate 26), die Bratschisten **Siegfried Meinecke** (Musikalisches Opfer), **Fritz Ruf** (Kantate 5, Kantate 199) und **Kurt-Christian Stier** (Johannespassion 1964, 6. Brandenb. Konzert), die Cellisten **Johannes Fink** (Kantate 68, Kantate 199), **Fritz Kiskalt** (Kantate 11, Kantate 82) und **Oswald Uhl** (Matthäuspassion 1958, h-moll-Messe 1962), die Kontrabassisten **Herbert Duft** (Kantate 81, Kantate 148) und **Franz Ortner** (Matthäuspassion 1958, h-moll-Messe 1962) sowie die Gambisten **Johannes Fink** (Matthäuspassion Tokyo 1969, Flötensonate 1033) und **Oswald Uhl** (Matthäuspassion 1958, 6. Brandenb. Konzert), die Organisten, allen voran **Hedwig Bilgram** (Kantate 78, h-moll-Messe Tokyo 1969), **Elmar Schloter** (Kantate 80, Kantate 124) und **Elfriede Singheiser** (Kantate 137, Kantate 148) und an den Pauken **Mathias Holm** (Weihnachtsoratorium von Bach, Kantate 136).

Ein Musiker der Ekstase

Kurt Guntner - Otto Büchner

Manfred Clement, der weltbeste Oboist des 20. Jahrhunderts.

Der Generalbaß

Etwas ganz Wichtiges bei den Interpretationen Karl Richters ist der Generalbaß. Wie kein anderer vor und nach ihm, verwendete Karl Richter höchstes Augenmerk auf den Generalbaß. Hier war ihm unabdingbare Verpflichtung, was Bach selbst darüber hinterlassen hat:

Des Generalbasses Finis und Endursache ist nichts anderes als nur zu Gottes Ehre und zur Rekreation des menschlichen Gemütes. Wo dieses nicht in Acht genommen wird, da ist's keine eigentliche Musik, sondern ein teuflisches Geplärr und Geleier.

Man fragt sich unwillkürlich, warum gerade dieses überkommene Werturteil Bachs von den sogenannten Historikern so wenig beachtet wird.

Hedwig Bilgram

Bereits in Leipzig trat Karl Richter bei den Aufführungen Ramins hörbar hervor. Man spürt, wie der ungestüme, unruhige Geist am Cembalo versucht, dem manchmal etwas langsamen Daherschreiten Ramins etwas mehr Feuer einzuhauchen (Kantate 78 ‚Jesu, der Du meine Seele'). Seinen Organisten hat Karl Richter dann gezeigt, wie bewegt der Generalbaß auszuführen ist. Es wäre ihm auch nicht in den Sinn gekommen, das Fagott wegzulassen, wie heute leider oft üblich. Seine musikalischen Empfindungen sagten ihm genau, wo er den Generalbaß kontrapunktisch einsetzen mußte, oder – das gab es auch – nicht einsetzen durfte. Man kann mit Fug und Recht sagen, daß die dadurch entstandenen Aufnahmen Bachscher Werke, wenn nicht schon aus anderen Gründen, so doch allein wegen des Generalbaßspiels einmalig sind. Maßgeblich dazu beigetragen hat die geradezu ‚klassische' Continuogruppe: Fritz Kiskalt (alternierend mit Johannes Fink), Cello, Karl Kolbinger, Fagott, Herbert Duft, Kontrabaß und Hedwig Bilgram (alternierend mit Elmar Schloter), Orgel.

Ein Musiker der Ekstase

Karl Kolbinger

Fritz Kiskalt - Herbert Duft

Der Einsatz der Orgel

Es ist viel darüber nachgedacht, geschrieben, gestritten worden, ob Orgel oder Cembalo, insbesondere bei den Kirchen-Kantaten Bachs, eingesetzt werden soll. Karl Richter hat sich praktisch immer für die Orgel entschieden. Es ist – bei seinen spärlichen Äußerungen zu Interpretationen und Besetzungen – nicht überliefert, warum er das tat. Wenn man schon nicht allein musikalisch überzeugt wurde, so wird aber Karl Richter ganz eindeutig aus dem Notenmaterial Bachs selbst bestätigt. Denn die Orgelstimme ist in den Leipziger Kantaten jeweils in den Chorton transponiert aufgezeichnet, weil die Orgel im Chorton gestimmt war. Nun ist es aber mit dem Einsatz der Orgel allein nicht getan. Das machen ja andere auch. Die Orgel muß schön registriert und hörbar sein. Karl Richter ließ sogar während eines Rezitativs, einer Arie oder eines Chorals die Register wechseln. Die Unterstützung des Chors hat nicht nur den Vorteil, die Stimmen sicherer zu machen, sondern verleiht dem Chor bzw. dem Choral bei heller Registrierung einen festlichen Glanz. Schließlich muß hier noch ein Argument angeführt werden, das von den Historikern nie in den Vordergrund gerückt wurde. Der Orgel kam im Barock deshalb eine wichtige Rolle zu, weil die Orchester immer viel zu klein waren. Durch die Orgel mit ihren Möglichkeiten, Orchesterstimmen nachzuahmen, konnte der Orchestergrund gelegt werden. Und der damals geübte Organist wußte, wie er zu registrieren hatte, um Stimmen, auch obligate, hervorzuheben oder stimmungsvoll zu beleben. Schließlich ist bei der Begleitung der Rezitative die Ausführung der gehaltenen Noten auf der Orgel viel einfacher als beim Cembalo. Wer versiert ist, kann durch Arpeggien und Arabesken auf dem Cembalo das Spiel beleben. Das erlebt man aber heute nur sehr selten. Für die Orgel sind gehaltene Noten über viele Takte hinweg kein Problem. Der Virtuose wird sie auch mit Verzierungen versehen und damit Glücksgefühle nicht nur bei sich selber, sondern bei uns allen hervorrufen.

Ein Diener der musica sacra

Als 21-jähriger bekennt Karl Richter in einem Brief an seinen Onkel Adolf: dazu sei er berufen, als Künstler die Gaben aus Gottes Hand empfangend, ein Diener der musica sacra zu sein. Daß er das war, wird immer wieder in den Aufführungen der Passionen hörbar.

Karl Richter war Kantor an der Markuskirche in München und wollte Kantor bleiben. Aber Herz und Geist bekamen Flügel. Jüngster Professor an der Münchener Hochschule für Musik erst, dann ehrenvolles Angebot des Thomaskantorats 1956 nach Ramins Tod: er lehnte wegen der politischen Verhältnisse und der selbst erarbeiteten Position in München als aufstrebender Bachinterpret ab. Schon 1957 dirigierte er auf Empfehlung von Hans Knappertsbusch das Bayerische Staatsorchester mit Bruckners 8. Sinfonie. Bruno Walter, der Mozart-Dirigent, empfahl ihm, viel Mozart zu dirigieren. Die Symphonik bis hin zur Oper interessierten ihn, ja elektrisierten ihn regelrecht. Beginnend bei Mozart, Haydn und Beethoven gelangte er über Mendelssohn-Bartholdy, Verdi zu Dvorak, Schönberg und Johann Nepomuk David. Es begann das große Reisen. Ansbach zunächst, Deutschland insgesamt bald – mit Ausnahme der ostdeutschen Region natürlich. In Ansbach begann sich sein Bekanntsein durch die Goldberg-Variationen zu formieren. Der Musikkritiker Karl Schumann von der Süddeutschen Zeitung wurde 1954 auf ihn aufmerksam. Das war der Durchbruch. Die St. Markuskirche wurde zur Weihestätte für Bach. In Ansbach wurde bei der Bachwoche vor internationalem Publikum alles wiederholt und damit der Ruhm weit verbreitet.

Dann kamen Genf, Paris, Moskau, Barcelona, London, New York, Washington, San Francisco, Tokyo, Osaka, Toronto, Buenos Aires, Wien, Mailand, Salzburg, Sao Paulo und viele andere große Städte. In Südamerika konnte, durfte er sich einige Wünsche erfüllen, die vor allem auch in Richtung Oper gingen. Über die Kontinente hinweg fragte man nach ihm. Leonard Bernstein besuchte ihn bei Bach-Aufnahmen, um zu erleben, wie er sie gestaltete.

Die Zusammenarbeit mit der Archivproduktion der Deutschen Grammophon währte sehr lange. 1966 erhielt Karl Richter einen Exklusiv-Vertrag. An seinem 50. Geburtstag 1976 wurde ihm mit der Veröffentlichung einer Neuaufnahme der Kantate Nr. 30 von Johann Sebastian Bach als seiner 100. Schallplatte das Goldene Grammophon überreicht. Die Siemens-Stiftung ehrte ihn später mit dem hochdotierten Siemens-Musikpreis.

Lediglich die großen Podien in Berlin, in München,

Karl Richter

bei den Salzburger Festspielen blieben ihm – wahrscheinlich aus persönlichem Ehrgeiz der dortigen ‚Statthalter' – nicht ganz zwar, aber weitestgehend versagt. Anderen Großen erging es aber gleichermaßen. Hatte man Furcht vor ihm, daß er sie ausstechen könnte? In Wien hatte man Karl Richter als Interpreten von Oratorien immer anerkannt. Mozarts ‚Figaros Hochzeit' dirigierte er in Wien an der Staatsoper. Aber die Wiener Philharmoniker wollten ihn als Symphoniker erst zu Beginn der achtziger Jahre haben. Brahms und das 19. Jahrhundert sollte er dort dirigieren.

Karl Richter: *Ich bin sehr viel in Wien gewesen, und ich bin sehr froh darüber, daß in Zukunft ich auch andere Sachen dirigieren werde als Bach. Und es interessiert mich sehr, und die Orchester sind ja hervorragend in Wien. Wien ist eine sehr musik-offene Stadt, und dort hat man von vornherein eigentlich erwartet, daß ich Brahms und das ganze 19. Jahrhundert auch dirigieren werde.*

Alles war vorbereitet. Und die Verträge für alle noch nicht realisierten Kantatenaufnahmen Bachs mit der Deutschen Grammophon waren schon unterzeichnet. Was nicht verwirklicht wurde, ist viel. Und doch war es – angesichts der Fülle des Geschaffenen – ein volles, ein erfülltes Musikerleben.

Ach, sind diese Pressekonferenzen langweilig.
Ich muß doch den Fink das nächste Mal beim Flug von München nach Hause fragen, wie der Kempe den zweiten Satz der fünften Sinfonie von Bruckner anging.

An ‚meinen lieben Freund Karl Richter':

‚Vor Deinen Thron tret' ich hiermit...'

In der Gedenkfeier für Karl Richter am 20. Februar 1981 in der St. Markuskirche in München sprach Werner Egk mit großer innerer Bewegung:

Dein auf das Metaphysische gerichtetes Wesen erschien mir auch in jener Höhle auf der Insel Patmos, von der man sagt, der Apostel Johannes hätte dort gelebt, gedacht, geschaut und geschrieben. In dieser Höhle überfiel mich das Gefühl Deiner Anwesenheit so stark, daß ich sie körperlich empfunden habe. Johannes gilt als der Lieblingsjünger des Herrn, und Du bist für mich der Lieblingsjünger der Musik.

(Karl Richter hatte auch die Vornamen Johannes und Felix)

Dank

schulde ich dem, der – wie kein anderer – mein Leben durch Musik überreich beschenkt hat, weil in seinen Interpretationen so viel Weisheit steckt:

Karl Richter.

Daß dieses Buch zustande kam, verdanke ich der liebevollen Unterstützung meiner Frau, meiner verehrten Freundin Gaby Sieg (der Schwester Karl Richters), Frau Gladys Richter (der Ehefrau Karl Richters), die mir neben vielen Hinweisen zum Leben Karl Richters die Verbindung zu Gaby Sieg vermittelte, meinen lieben Freunden Pauly und Johannes, meinem Sascha, der den Titel dieses Buches erdachte, dem Verleger Herneid von dem Knesebeck, Britta Schumacher und vor allem dem Kenner und Sammler aller Aufnahmen von Karl Richter, dem Verfasser des 2001 erschienenen Buches ‚Karl Richter, Musik mit dem Herzen',

Roland Wörner, Heilbronn.

Sein Buch, das maßgeblich über das Lebenswerk Karl Richters Auskunft gibt, ist bedauerlicherweise vergriffen.

Ulrich Constantin

Alle verzeichneten musikalischen Aufnahmen von Bach und Händel sind erschienen bei der Deutschen Grammophon. Orgelkonzert und Matthäuspassion, Ottobeuren 1975 sowie Improvisation über ‚Lobe den Herren' sind private Mitschnitte und nicht öffentlich zugänglich.

Bildnachweis:

Alle Aufnahmen – bis auf fünf – stammen von dem weltweit bekannten Fotografen

       Werner Neumeister,

einem Sachsen, der mit Karl Richter befreundet war und ihn oft porträtierte.

3 Unbekannt
2 Reinhard Ulrich